AF339833

AF339833

LE CRI

D'INDIGNATION,

ou

L'AMI DES BOURBONS.

LE CRI

D'INDIGNATION,

OU

L'AMI DES BOURBONS.

Par M. T. P. BERTIN.

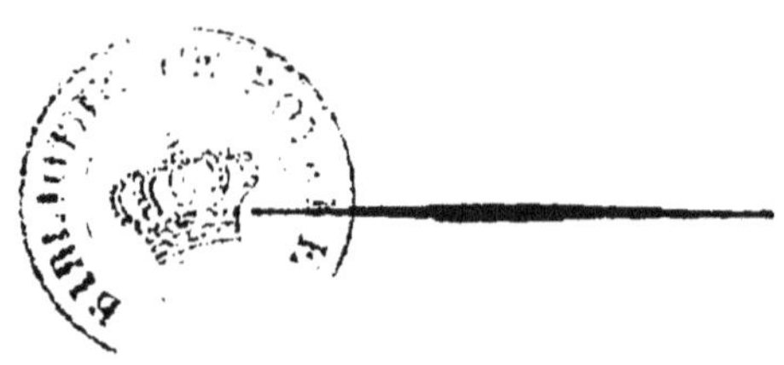

A PARIS,

Chez
{
DABO, Libraire, place Saint-Germain-l'Auxerrois, n° 41;
BLANCHARD, Libraire, Palais-Royal, galeries de bois.
Et tous les Marchands de Nouveautés.
}

1814.

PRÉFACE.

L A qualité d'*Ami des Bourbons* est un titre si honorable que
pour se l'arroger publiquement
il faut l'avoir mérité par quelque
trait digne d'estime. Mes titres à
cette faveur sont, je m'en flatte,
incontestables. En 1792, je pris
la résolution d'émigrer, et déjà
mon passe - port pour l'Angleterre m'étoit fourni, il n'y man-
quoit que le *visa*, lorsque le Pro-
cureur de la Commune, Manuel,
se refusa à le revêtir de cette for-

malité : les témoins qui ont signé ce passe-port existent. En 1793, redoutant la catastrophe dont la France étoit menacée, je me retirai dans les premiers jours de Janvier à Provins, pour ne pas me voir forcé d'être témoin de la mort inévitable du Roi. Vers la fin de Septembre de la même année, je tins la même conduite et me rendis à Donnemarie pour une cause non moins déplorable, l'assassinat juridique et prochain de la Reine. L'expression d'*infortuné Monarque* dont je me servis dans la seconde édition de mon Système de Sténographie publié le 2 nivôse an 3 de la République, en parlant de Jacques Ier. d'Angleterre, qui écrivit avec ce procédé dans sa prison, n'étoit pas sans indiquer quelque courage dans un temps où Louis XVI venoit d'éprouver le sort de ce monarque, et l'on ne devoit parler des Rois que pour les outrager.

A ces différens titres, se joint la persévérance avec laquelle je me suis refusé pendant le cours de nos révolutions à tout éloge des hommes et des choses, et dévorai malgré moi en silence le regret que j'éprouvois de vivre sous un gouvernement dont je n'ai cessé de désirer la fin, et de la prédire à mes amis.

Après avoir décrit le caractère que j'ai manifesté depuis vingt-cinq ans, je n'ai plus besoin de motiver le parti que je prends aujourd'hui de me déchaîner contre le dernier de nos tyrans. Qui se dit l'ami des Bourbons se déclare nécessairement l'ennemi juré de Bonaparte, d'un homme dont il ne faut pas aujourd'hui laisser ignorer un seul crime.

Celui en effet de ses partisans que l'énumération de ses torts n'a pu, jusqu'à présent, indisposer contre lui, peut finir par se ranger du par●de la raison et le détester s'il en apprend un nouveau. Tel, par exemple, qui n'aura pas été indigné des ravages que les guerres intentées par cet homme féroce ont exercés, parmi l'espèce humaine, s'irritera au récit de cet excès de tyrannie avec lequel toutes les fois qu'il venoit à Paris ou s'en alloit de cette capitale, il ordonnoit l'exécution militaire d'un détenu quelconque jugé à la hâte, et se faisoit ainsi, comme l'Ogre de Perrault, *servir un homme à la minute*, le tout par un trait de lâcheté qui le portoit à répandre la terreur autour de lui. Tel que n'a pas pu ébranler le récit de ces horreurs, finira par se déchaîner contre ce monstre en apprenant que sous son règne on a pu dire publiquement et avec impunité, que le Poëme de *la Pitié* du Virgile François étoit un *crime d'État*; qu'il a privé les malades du plus puissant des fébrifuges pendant une grande partie de son règne atroce, qu'une multitude d'infortunés a péri par l'élévation des prix du Quinquina auquel les grandes fortunes seules pouvoient atteindre, et que la privation de ce remède salutaire prenoit sa source dans le projet le plus absurde qui soit jamais entré dans le cerveau d'un homme, *le blocus continental*, c'est-à-dire l'exclusion de la terre ferme prononcée contre un peuple, fort de neuf cents vaisseaux de ligne et d'un nombre incalculable d'autres bâtimens de guerre. Tel enfin qui se croira en droit de blâmer la courageuse défection des nobles confédérés, las de son joug et de son oppression, frémira d'indignation en apprenant qu'il a violé lui-même sans provocation un traité d'après lequel il devoit tenir à la disposition du Danemarck 20,000 hommes, pour protéger le Holstein et le Jutland, qu'il a abandonné ensuite les Danois à leur propre foiblesse , que le Prince Royal de Suède pénétra dans le premier de ces duchés , et qu'il se fut avancé dans le second , si les progrès du vainqueur n'eussent enfin été arrêtés par une convention d'après laquelle le Danemarck cédoit à la Suède le royaume de Norwège.

Mais, me dira-t-on, « ce destructeur du genre humain est à terre, il ne doit plus avoir d'ennemis, il est assez puni en voyant son propre anéantissement ; l'impuissance où il est de faire du mal doit lui servir de protection. » Je réponds à cela que je ne cherche pas à empirer le sort de Bonaparte fixé par la clémence des souverains alliés ; mais que la fidélité due aux Bourbons impose aux âmes bien nées un devoir dont rien ne peut les affranchir. Ce devoir est de divulguer les forfaits du tyran, et de les rappeler sans cesse pour dessiller les yeux du petit nombre de personnes qu'un fol aveuglement, ou qu'une stupide idolâtrie porte encore à épouser sa cause.

Je sais qu'il est des intérêts froissés, que les militaires, par exemple, ne peuvent pas espérer sous le règne pacifiqne du Roi le même avancement que sous le gouvernement parricide d'un homme qui les sacrifioit par milliers et opéroit par conséquent dans la succession des grades une rapidité dont l'histoire n'offre pas d'exemple, puisque la France entière n'étoit qu'un vaste champ de bataille; mais cet ordre inconcevable de choses étoit l'effet d'un état de guerre permanent, et rien ne survit à ce fléau quand il n'a pas de terme. Il n'est donc aucun officier supérieur qui, s'il examine le tableau des militaires de son rang , immolés à la fureur meurtrière d'un seul homme , depuis douze ans , ne recule d'horreur ; il n'est pas de guerrier qui , s'il réfléchit un instant , qu'il ne doit pas exposer ses jours pour son propre avantage seulement , mais pour celui de son pays , ne préfère la lenteur dans les promotions à l'anéantissement d'une patrie qui lui deviendra chère désormais par la liberté constitutionnelle dont elle va jouir, et par l'honorable distinction qu'il obtiendra de son légitime souverain.

Qui a bien servi sa patrie a bien servi le Roi , d'après les expres-

sions de M. le Duc d'Angoulême.
Ces paroles qui doivent retentir
dans le cœur de tous les braves,
annoncent qu'aucun genre de mérite ne restera sans récompense.
La dette de la patrie est reconnue, les plaies de l'Etat vont être
cicatrisées ; bénissons donc les
voies impénétrables de la Providence qui nous ont ramené Louis
le desiré et son auguste Famille ;
bénissons à jamais le jour où un
Roi consolateur d'une nation affligée est rendu à ses droits héréditaires et aux vœux d'un peuple
reconnoissant et ivre de joie.

LE CRI

D'INDIGNATION,

OU

L'AMI DES BOURBONS.

La postérité pourra-t-elle jamais croire qu'un homme, qu'un étranger parvenu par une cabale révolutionnaire au trône de France, ne se soit pas contenté des limites de ce vaste empire ? Concevra-t-elle que cet usurpateur né d'une classe obscure, après s'être vu sans opposition assis

sur ce même trône, ait préféré renché-
rir sur les forfaits de Robespierre, à
imiter l'exemple paternel des monar-
ques de l'Europe, qui, disons-le à la
gloire de la souveraineté, ne s'occu-
pent que du bonheur de leurs sujets.
Quoi! c'est à l'époque où l'auguste mère
d'Alexandre, prince dont la magnani-
mité égale la valeur, se charge elle-même
de l'administration et de la surveil-
lance des institutions charitables qu'elle
a formées ; c'est au moment où toutes
les cours de l'Allemagne rivalisent de
générosité envers les indigens, et cher-
chent par tous les moyens possibles à
diminuer la somme des calamités qui
pèsent sur le genre humain, que Bonaparte, revêtu naguères à la hâte du
vêtement consulaire, s'efforce de les
aggraver ! Non content d'opprimer

l'Europe continentale , il veut porter
au-delà des mers les fléaux qui dévo-
rent la France. Et quel instant choisit-il
pour jurer une haine implacable à la
Grande - Bretagne ? celui où elle ne
s'occupe elle - même que d'établissemens d'humanité ; celui où avec le
secours des savans qu'elle renferme
dans son sein, elle s'efforce de bannir
de la terre les maux qui tarissent les
sources de la vie ; celui enfin où elle
a donné au monde un préservatif qui a
déjà plus sauvé d'hommes que la tyrannie de ce monstre n'en a fait périr.
Certes, la découverte de la vaccine a
mérité à l'Angleterre la reconnoissance
de tous les peuples et de tous les souverains ; Bonaparte seul ne lui en a su
aucun obligation, et s'il a fait adopter
en France ce procédé salutaire, c'étoit

pour se ménager dans l'avenir de plus
nombreux instrumens de ses ven-
geances. Le jour même où l'antique
Albion a fait participer la France à ce
bienfait, il lui a déclaré une guerre à
outrance. Contre le droit des gens, il a
fait arrêter dans leurs maisons, des Anglais paisiblement établis chez nous depuis long-temps, il les a incarcérés (1),
a causé par un acte inouï de despotisme
la mort ou la démence de plusieurs
d'entre eux, et préparé par ce trait de
férocité plus peut-être que par tout autre

---

(1) Pendant que Bonaparte emprisonnoit les Anglois, leur gouvernement forçoit en Angleterre les
François de sortir du pays. Le contraste de ces deux
mesures, dont l'une indique la folie et l'autre la pru-
dence, peint au naturel le caractère des souverains
qui régnoient alors sur ces deux contrées.

sa chute et sa ruine (1). Quels regrets ne dût pas éprouver ce digne héritier du parricide, d'avoir laissé échapper le duc de Bedfort, le plus riche des seigneurs de la Grande-Bretagne, et qui avoit eu le bon esprit de quitter la France trois jours avant l'ambassadeur de sa nation. Ainsi, ce lord qui, avec quatre-vingt mille louis de rente avoit eu le courage à vingt ans de faire le voyage de l'Inde pour connoître le monde et s'instruire, faillit à son retour des bords du Gange, courir en France le plus grand des dangers pour un Anglais, celui de perdre sa liberté :

---

(1) Les dernières paroles, les paroles prophétiques qui sortirent de la bouche de George III, en plein parlement, avant l'époque où ce monarque éprouva du désordre dans sa raison, sont celles-ci : « Les entreprises » de l'ennemi tourneront à sa confusion et à sa perte. »

mais heureusement pour noùs , pour
le monde entier, le peuple anglois n'a
rien à redouter aujourd'hui du furi-
bond qui n'a jamais eu de vivacité que
dans sa colère ; il vient fraterniser avec
les Français après avoir partagé sa tris-
tesse comme il l'a fait dans tous les
temps (1), et mêler ses chants d'allégresse à leurs cris de joie.

Et pourquoi cet usurpateur en vou-
loit-il tant à la nation belliqueuse qui
la première arrêta le torrent dévasta-
teur de ses conquêtes achetées avec le
sang des François et qui le força à
déserter son armée en Egypte ? C'est
que ce tigre ombrageux vouloit que le
canal de la Manche mît une barrière

____

(1) Les Anglois prirent le deuil jadis à l'occasion du
massacre de la Saint-Barthélemi,

invincible entre un peuple généreux,
gouverné par de bonnes lois et une nation asservie par sa volonté, le jouet
de ses caprices et la victime de son
insatiable ambition. Ce que le régne
atroce de Robespierre avoit toléré, le
régne plus sanguinaire encore de Bonaparte le proscrivit sous les peines les
plus sévères ; c'est-à-dire la circulation
des journaux de l'Angleterre, et si
l'étude de sa langue n'a pas été expli-
citement prohibée du temps de cet
usurpateur, elle l'a été implicitement
par le ridicule qu'il s'efforçoit de verser sur un peuple auquel il n'a pas
rougi, lui Bonaparte, de donner le
nom d'Hérétique. Le barbare avoit
ses intentions en qualifiant ainsi les
habitans de la Grande-Bretagne ; la
classe ignorante des Portugais confon-

dit d'autant plus facilement cette lâche épithète avec celle de païen que les Anglois ayant eu besoin dans le cours de la guerre qu'ils nous ont faite chez ces alliés pour leur porter des secours, de tuer des chevaux dans la Gallicie , le peuple crut qu'ils les immoloient aux faux dieux , et ce genre de sacrifice supposé l'indisposa pendant quelque temps contre ses libérateurs.

Mais, dira-t-on, tous les crimes du tyran lui appartiennent-ils ? ne sont-ils pas l'ouvrage des lâches flagorneurs qui, par leurs perfides adulations, ont fait tourner la tête à cet insensé ? Non ; Bonaparté étoit d'un naturel trop profondément pervers ; il etoit trop scélérat, il se connoissoit trop lui-même, pour croire aux éloges qui lui étoient prodigués par l'intérêt. La preuve de ce que j'avance, c'est que ceux qui ont le plus brûlé d'encens sur ses autels, ceux qu'il a le plus comblés de largesses n'ont jamais éprouvé un moment de satisfaction en sa présence; sa phisionnomie, comme la tête de Méduse, les pétrifioit; jamais son front ne se dérida pour personne. Bonaparte fronce le sourcil dans tous ses portraits, sur toutes ses statues (1, et l'on ne peut dicter à aucun de ses historiens ce mot de l'immortel Racine. *Ecrivez qu'il a ri.*

Mais si les louanges démesurées n'ont eu aucune influence sur la conduite du monstre, qui, comme le fa-

____

(1) Il faut convenir néanmoins que, dans les derniers tems, il s'étoit fait donner par les peintres, un air hypocritement gracieux. •

rouche Tamerlan pensoit qu'un monarque n'étoit en sûreté que lorsque les
pieds de son trône nageoient dans
le sang; si son affreux penchant pour
le crime n'a pas eu besoin de leurs
encouragemens, quels reproches n'au-
raient pas à se faire aujourd'ui, s'ils ne
trouvoient une sorte d'excuse dans la
terreur que Bonaparte leur inspiroit,
ceux qui, à la suite de son expedition
désastreuse en Russie, n'ont pas rougi
de lui dire que son absence étoit toujours une *calamité nationale, et son
retour un bienfait.* Combien aussi doivent se trouver coupables ceux qui,
impatiens de jouir, ont souillé leur
plume, profané leur talent, et tout sacrifié au besoin d'obtenir de cet aven
turier des récompenses.

C'est peut-être ici le cas de dire, à

la louange de l'âge le plus rapproché de celui des Bourbons, que les gens de lettres, contemporains de leur jeunesse, ou qui les ont devancés dans la carrière de la vie, ont montré le plus de persévérance à lui refuser des éloges. L'estimable Anquetil, qui aima mieux périr de misère que de faire fléchir ses principes en faveur du despote, et lui prêter serment ; l'immortel traducteur de *Milton*, que par une singularité assez inexplicable, on appelle encore *l'abbé de Lille*, et dont la muse garda le plus profond silence sur Bonaparte ; le respectable auteur d'*Hamlet* dont la plume resta fidèle aux Bourbons ; tant d'autres écrivains qui ont langui négligés du tyran, sont autant de preuves de mon assertion. Mais comment les contemporains de la jeunesse des Bourbons auroient-ils pu obtenir quelque distinction de cet homme? Une tradition de Robespierre, adoptée sans réflexion par le Corse, étoit que l'inexpérience seule savoit penser; guidé par ce raisonnement absurde, il prenoit ses favoris en littérature, dans la classe la moins âgée (1), et justifioit, par un choix aussi déplacé, ce mot du célèbre Pitt, qui, en parlant dans la chambre des communes, de la

---

(1) Cette classe favorite cependant n'étoit pas sans un certain jargon capable d'éblouir; ne se faisant aucun scrupule d'écrire dans tous les sens, dans celui de la république, puis du directoire, puis du consulat, puis de la tyrannie récemment abattue, elle a été toujours en pleine activité, et son esprit, si je puis parler ainsi, n'est jamais *resté en friche*; mais si de nouveaux malheurs pouvoient ramener jamais une nouvelle révolution, on la verroit réintégrer, par le même jargon, Bonaparte dans toute la splendeur politique et intellectuelle qu'elle lui avoit prêtée.

France sous Bonaparte, s'écria que le *jacobinisme y étoit concentré dans un seul homme* (1). Cette manie du *héros évanoui* s'accorde parfaitement avec la petitesse de son génie, avec son ignorance, l'on pourroit dire même avec sa stupidité, puisqu'il croyoit à son étoile, et qu'il multiplioit à l'infini ce signe superstitieux sur les murs des établissemens publics, ainsi que sur la basque de l'uniforme des troupes.

Quelles vues éclairées, quel bonheur, quelle prospéité le peuple françois

____

(1) Si Bonaparte s'est montré l'ami des terroristes, en adoptant leurs maximes, il n'en a pas fait des ingrats, car ils sont encore ses plus zélés partisans. Cette conduite dans un despote ennemi par état, de la démocratie, qui s'attache aux antagonistes des souverains, et dans des hommes abhorant par principe la souveraineté qui caressent un tyran, est un des problêmes du machiavélisme révolutionnaire les plus difficiles à résoudre.

pouvoit-il espérer d'un homme fami-
lier avec tous les vices, avec tous les
crimes, et qui les regardoit comme les
droits du trône ; d'un homme qui, s'il
eût voulu s'instruire par la lecture, eût
su que le célèbre Newton évalue la
moyenne proportionnelle de la vie des
tyrans à sept années, et eût appris en
même-tems que les sujets de Gengiskan
firent une balle de paume de cette tête
que deux ans auparavant l'univers
n'avoit pu contenir. Que pouvoit-on
attendre d'un tartuffe qui, après avoir
joué en France l'enthousiasme de la
religion catholique, apostasia publique-
ement en Égypte, et qui commençoit
toutes ses proclamations par ce début
impie : « Au nom du Tout-Puissant, de
» l'Éternel, de l'Infini qui a créé toutes

» choses et n'a pas de créateur, qui *n'a*
» *pas de fils et qui n'en a jamais eu ?* »

Une députation des docteurs de la loi vint trouver cet hypocrite au Caire ; le Sycophante leur déclara que les François étoient pleins de vénération pour le Prophète et l'Alcoran, qu'ils étoient persuadés de la supériorité de de l'Islamisme sur les autres religions, et pour les convaincre de ce qu'il leur disoit, il leur cita la délivrance des Musulmans qu'il avoit trouvés captifs à Malthe, lorsqu'il s'étoit emparé de cette île ; la destruction des croix et des églises des infidèles dans les pays qu'il avoit conquis, sur-tout dans la ville de Venise, où il avoit fait cesser les vexations exercées contre les Musulmans ; le renversement enfin de la tyrannie du Pape, qui, disoit-il, prêchoit le massacre des fidèles. Tels étoient les discours de l'infâme envoyé par l'Etre-Suprême, contre les nations sur lesquelles il vouloit faire tomber sa vengeance.

Les tyrans de l'antiquité les plus cruels immoloient leurs victimes en présence de leurs sujets, afin du moins que leur supplice effrayât ceux qui en était les témoins. Bonaparte pour qui la vengeance étoit une volupté, oubliant que les Rois même n'ont le droit de punir qu'en public, qu'un châtiment capital infligé dans le secret est un assassinat, et qu'à Dieu seul appartient de frapper de mort, si ce supplice ne peut tourner au profit des autres hommes, et servir d'exemple, Bonaparte, dis-je, portoit ses coups dans les ténèbres, et rendoit par cet acte de

barbarie les soldats malgré eux com-
plices de ses cruautés.

Les crimes de ce nouvel Attila excè-
dent toute mesure et surpassent toute
croyance; l'histoire placera l'effet qu'ils
ont produit à côté des tremblemens de
terre et des épidémies les plus funestes;
mais le mal qu'il a causé ne se borne
pas à l'ère actuelle, il aura des suites
désastreuses, et si le tyran ne se fût
point laissé ravir sa couronne, elles
eussent été inévitablement pareilles à
celles qui chez les Musulmans ont
amené la *polygamie*.

On se persuadera de cette vérité, si
l'on fixe son attention sur cet ordre
renversé de la nature, qui, dans toutes
les parties de la France, a rendu les
pères héritiers de leurs fils, après s'être
trouvés souvent forcés d'en être les

dénonciateurs ; si l'on porte ses regards
sur le nombre incalculable de vierges
exclues du temple de l'hyménée, par
ce monstre à la fureur duquel tant d'enfans ont été sacrifiés, avant même souvent qu'ils eussent connu la destination
de leur sexe ; si l'on considère enfin
cette incroyable disproportion d'âges
entre les êtres unis par la foi conju-
gale, disproportion qui fût devenue
effrayante si l'abus de ces établissemens
précipités par la peur n'eût trouvé un
terme dans son excès et dans la crainte
qu'eût Bonaparte de voir l'hymen lui
enlever ce qu'il vouloit faire moisson-
ner par la guerre. Le despote fit donc
fermer les registres de ces mariages *en
masse*, et les filles se trouvèrent aussi-
tôt obligées de reporter sur des hommes de quarante ans le choix qu'elles

s'étoient vues réduites à fixer sur des imberbes de dix-sept. On a vu de ces derniers, rebutés bientôt d'un joug qui n'étoit ni de leur âge, ni de leur inclination, se vendre et préférer la chance des combats aux dégoûts d'un nœud prématuré ou mal assorti.

Mais ce n'est point encore assez s'étendre sur cet hydre de Lernes, qui a dévoré des générations, sur l'abus de la conscription, qui a été exigée par Bonaparte avec une dureté sans exemple, au mépris de différentes prestations d'argent fournies pour l'affranchissement d'un service si meurtrier qu'il avoit reçu le nom de *boucherie*. On saura donc qu'il existoit en France, dans le sein de la capitale, un homme attaché à l'état-major de la place, et décoré de l'épaulette d'officier, qui étoit chargé du recouvrement et des poursuites de cette REDEVANCE HU- MAINE. Cet homme, dont la tournure et la voix *rogommée* annonçoient le caractère, pourchassoit, escorté d'un chien énorme, les conscrits dans les guinguettes autour de Paris, et jetoit par sa présence l'effroi dans l'ame d'une jeunesse qui venoit, les jours de fête, en tremblant, s'y délasser des fatigues de la semaine.

Ce sbirre, digne émule des espions qui l'entouroient (sur quels détails l'historien de ces iniquités est obligé de se traîner !) avoit pour nom de guerre SANS-GÊNE. Il est mort perdu de débauche après avoir été long-temps la terreur des pères de famille et avoir souillé l'air de la capitale de son souf- fle empoisonné. Tels étoient les gens employés par le bourreau du genre humain.

Bonaparte s'est rendu coupable aux yeux de tous les François par son mépris pour les hommes, et pour avoir, par son exemple, inspiré ce même mépris. Le François étoit devenu l'ennemi du François, le soldat se regardoit d'une autre espèce que le citoyen, et l'ouvrier confondoit tous les rangs. Le caractère de la nation perverti, corrompu par son indigne chef, connoissoit à peine cette déférence accordée chez toutes les nations au talent et au mérite, à un sexe digne de toutes nos attentions, à cet âge dont l'expérience fut toujours le flambeau de la jeunesse, et à l'enfance dont la foiblesse semble réclamer même des étrangers les soins les plus tendres.

2..

Qu'eussent dit les anciens si un porte-faix et le conducteur d'une litière, ne se fussent dérangés ou détournés de leur chemin, ni pour Homère, ni pour Cornélie, ni pour Ascagne?

Bonaparte s'est rendu criminel aux yeux de toute la terre par ses cruautés; les annales de sa vie l'attestent. L'assassinat commandé de sangfroid, en 1798, des magistrats et des officiers civils de Pavie; la conflagration d'un village entier, parce que les paysans avoient pris les armes, et le meurtre de cent d'entre eux démontrent jusqu'à l'évidence les projets homicides d'un homme qui déjà vouloit, à cette époque, fonder son empire universel non dans le cœur mais dans le sang des nations vaincues. Le massacre réfléchi des prisonniers Turcs qu'il avoit

en son pouvoir *depuis trois jours* con-
firme ce que je dis. Cet acte de barbarie exaspéra à un tel degré les chefs
de l'armée Ottomane, qu'à l'issue de
la levée du siège de Saint-Jean d'Acre,
place devant laquelle le monstre fut
honteusement défait, le Grand - Sei-
gneur reçut * , *horresco referens* , sept
sacs d'oreilles de soldats François tués
en Syrie, les têtes de treize généraux
et celles de trois cent officiers.

Les reproches encourus par ce despote sont si nombreux que l'énumération en seroit trop longue ; bor-
nons-nous à dire ici que le plus grand
criminel qui ait jamais existé est celui
qui , se jouant de toutes les lois hu-

---

(1) Voyez tous ces détails à la Bibliothèque du Roi
dans un ouvrage anglois intitulé : *Fields of mars. Ar*
Egypt.

maines et divines , osa verser le sang
d'un prince noble héritier de la valeur des Condé , et plonger dans
le deuil une famille de héros; arra-
cher par une trahison sans exemple ,
à l'amour de ses sujets un monarque
chéri , désespérer au milieu de son
royaume le successeur du grand Fré-
déric, méconnoître le plus inappréciable des bienfaits dans son alliance avec
la fille des Césars , forcer l'Autocrate
du Nord à brûler sa capitale pour déli-
vrer ses peuples de cet oppresseur du
monde; bornons nous à dire que celui-
là a justement encouru l'indignation
publique, qui a caché à tous ses sujets pendant la durée de son règne , la
position de la France , et leur a même
laissé ignorer jusqu'à son départ tous
les détails sur la journée de Vittoria,

dans laquelle Joseph a été dépossédé de sa souveraineté ; qui en traversant chaudement étendu dans son traîneau des champs de neige et de glace jonchés de morts, a vu d'un œil sec deux cent cinquante mille hommes l'espoir et le soutien de la France victimes de l'âpreté des frimats de la Moscovie, qui ensuite en a indignement livré un pareil nombre au glaive de l'ennemi dans les plaines de Saxe ; qui après avoir sacrifié depuis cette lâcheté de nombreuses et nouvelles levées dans toutes les parties de l'Empire à sa folle obstination, eût infailliblement livré sa capitale à toutes les horreurs d'une ville prise d'assaut, si les plans sagement combinés des Souverains alliés ne l'eussent empêché d'y pénétrer ; qui enfin a fait le premier naître dans le cœur d'une nation sans tache du côté de l'honneur, le désir *d'être vaincue* et l'a vu s'applaudir de l'accomplissement de ce souhait.

Ce tableau déchirant auquel il faut encore ajouter celui de l'exil, l'emprisonnement et les persécutions tyranniques des ministres de la religion, laisseroit des impressions trop douloureuses si la teinte n'en étoit adoucie par celui des évènemens qui se succèdent depuis la chûte du despote et de l'ordre de choses dont nous sommes journellement les heureux témoins.

Quel contraste, grands Dieux! entre le coup-d'œil toujours menaçant de cet usurpateur et le regard paternel des Bourbons! Leur maintien, leur accent, l'aménité qui règne dans leurs discours annoncent qu'ils ne voient dans leurs sujets qu'une seule famille et que la félicité des Français occupera tous leurs momens.

Quelle vertueuse effusion de cœur dans Louis XVIII, qui des fenêtres de son palais annonce à tout un peuple ivre d'allégresse, qu'il le serre dans ses bras! quelle aimable et touchante sensibilité dans l'auguste fille de Louis XVI, dont le cœur est toujours prêt à saigner au récit de nos malheurs! quelle noble familiarité dans Monsieur frère du Roi, qui confond son rang et sa dignité, avec tous les grades de l'armée parisienne, et semble s'oublier lui-même pour attirer les regards et la faveur publique sur le duc de Berri, sur un fils si digne de l'obtenir! Non, jamais pareil spectacle n'a été offert aux yeux de la nation; jamais pour me servir des expressions d'un Anglois , vénération plus religieuse n'a été excitée dans l'âme des spectateurs. Un sentiment de reproche semble néanmoins se mêler aux acclamations de la foule qui se presse autour de cette famille adorée. Il semble que chacun se dise en lui-même, « combien nous avons été coupables de persécuter tant de bonté , d'innocence et de vertu ! » Espérons que la sensibilité d'un père, unie à la fermeté d'un Monarque, arrêtera les progrès qu'on a fait faire à la nation vers la barbarie de l'immoralité , que les honneurs et les richesses ne seront pas la propriété exclusive de la profession militaire (1), et qu'on ne

____

(1) La profession militaire a été et sera dans tous les temps l'état le plus honorable ; mais faudra-t-il toujours vivre au milieu des camps, faudra-t il toujours

verra plus sur les grands chemins des conscrits enchaînés comme des victimes destinées au sacrifice. La levée des blocus des ports, les mers ouvertes à nos pavillons, la restitution des colonies, l'écoulement rapide des productions de nos vignobles qui ne s'a-

que le Français soit attelé au char de la guerre, et que Paris soit une place d'armes ? Dans les plus beaux jours de la France, on ne voyoit pas dans cette capitale un seul uniforme ; il eût été ridicule d'en porter, et l'habit de colonel n'eût pas suffi à l'orgueil d'un Français. Le fameux crieur à la porte de l'Opéra, auquel on avoit donné pour sobriquet le nom de *Luxembourg*, et qui revêtoit la livrée de cette maison , ne qualifioit personne du nom de major ou de chef de bataillon, mais de celui de duc, de comte ou de marquis (*). La paix, n'en doutons pas, ramènera ces usages.

(*) Il seroit curieux de savoir la raison pour laquelle Bonaparte avoit retranché ce dernier titre de la qualification des grands ; il en résultera , ce qu'il étoit bien loin de prévoir, que le fils d'un duc de la nouvelle noblesse se nommera *comte* , et celui de l'ancienne *marquis*.

varieront plus dans nos selliers, l'es-
sor de l'industrie et du commerce qui
ne sèra plus paralisé; les travaux de
l'agriculture qui cesseront d'être con-
fiés à des femmes ou à des vieillards,
les fabriques qui ne resteront plus oi-
sives; l'espoir, la certitude que nos
enfans ne seront plus arrachés à leurs
études et enrôlés pour être les soutiens
de la *tyrannie;* la renaissance enfin des
lettres et des arts depuis long-temps
abandonnées produiront d'assez heureux changemens, des avantages assez
importans à la France pour qu'elle
forme une opposition nationale contre
tout ce qui pourroit compromettre le
bienfait inappréciable de la paix. Les
nations, il est vrai, sont quelquefois
sourdes à la voix de leur intérêt; mais la
France a trop souffert pour commettre

de nouvelles erreurs, surtout lorsqu'elle aura bien connu, bien apprécié tous les crimes de l'ennemi de l'espèce humaine, et toutes les bonnes intentions de son souverain, d'un souverain juste, instruit à l'école du malheur, qui en demandant au clergé le secours de ses prières, a prouvé combien il étoit religieux, et qui enfin ne peut pas mieux manifester son amour pour son peuple qu'en lui promettant une constitution où les pouvoirs se trouvèrent sagement balancés.

T. P. BERTIN.